곤충들의 힘자랑

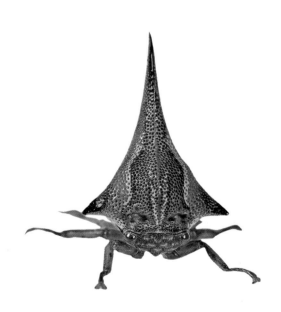

Original Title: Bugs! Bugs! Bugs!
Copyright © 2023 Dorling Kindersley Limited
A Penguin Random House Company

www.dk.com

LEVEL
2

곤충들의
힘자랑

제니퍼 더슬링

DK | 삼성출판사

차례

곤충의 적은 곤충

아이, 깜짝이야!

가까이서 보니까 좀 징그럽고 무섭지요?

걱정 마세요. 곤충들은 자기들끼리

공격하거나 해를 끼치지 여러분에게 그러지는 않아요.

다시 말해 곤충을 괴롭히는 악당은 곤충이라는 얘기!

먼저 '곤충'과 '벌레'라는 단어에 대해 간단히 말해 줄게요.

벌레는 곤충을 포함하는 말이에요. 그러니까

'모든 곤충은 벌레'라고 말할 수 있어요. 하지만 거꾸로

'모든 벌레는 곤충'이라고는 말할 수 없지요.

잠자리

사슴벌레

사마귀

사냥벌

사마귀

사마귀가 꼼짝도 않고 가만히 먹잇감을 노리고 있어요.

여러분이 곤충이라면 어서 도망쳐야 해요.

근처 나뭇가지에 파리 한 마리가 내려앉았어요.

사마귀가 큰 눈으로 파리를 쏘아보아요.

눈 깜빡할 사이에 앞다리를 쭉 뻗어요. 뾰족한 가시가

돋은 앞다리에 파리가 걸려들었어요.

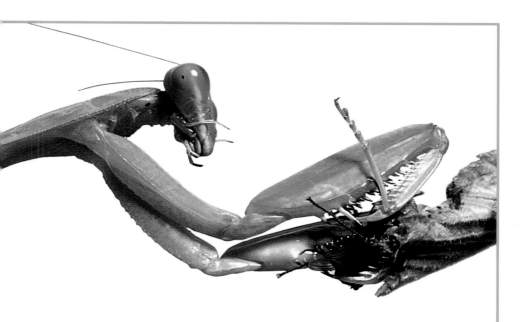

사마귀가 파리를 입으로 가져가요.

어적어적, 버적버적.

얼마 안 가 파리는 흔적도 없이 사라졌어요.

어적어적!

버적버적!

사냥벌

자기 배를 채우기보다 새끼를 먹이기 위해 사냥하는 곤충을 소개할게요. 마침 사냥벌이 방금 침을 쏘아 딱정벌레를 잡았군요.

사냥벌은 딱정벌레를 둥지로 끌고 가요. 그리고
딱정벌레 몸에 알을 낳지요. 이윽고 알을 깨고
애벌레가 나오면 딱정벌레를 먹으며 자라날 거예요.

타란툴라사냥벌
사냥벌의 친척인 타란툴라사냥벌은
새끼를 먹이기 위해 타란툴라라는
커다란 거미를 사냥해요.

잠자리

한가롭던 연못에 모기 한 마리가 윙윙거리며
날아와요. 그러자 잠자리가 쏜살같이 덮쳐
공중에서 모기를 잡아챘어요.

아주 오래된 곤충

잠자리는 공룡이 살기 훨씬
전부터 살아왔어요. 어떻게
아느냐고요? 아주아주 오래
전에 죽은 잠자리가 바위 속에
화석을 남겨 두었거든요.

잠자리는 하늘을 나는 사냥꾼이에요. 모기를
잡고 또 잡아요. 하루 동안 제 몸무게만큼 모기를
잡아먹는데, 여러분이 핫도그를 250개쯤 먹는
것과 비슷할 거예요.

침노린재

침노린재는 '암살자 곤충'으로 불려요. 먹잇감을 침으로
여러 차례 푹푹 찔러 죽이기 때문에
이런 섬뜩한 별명을 갖게 됐지요.

뽀뽀하는 곤충

침노린재의 친척 가운데 어떤 녀석은 '뽀뽀하는
곤충'이라는 별명을 지녔어요. 예쁜 별명이지만
암살자와 다를 것은 없어요. 얘들은 주로 사람의
얼굴을 공격하기 때문이에요.

사냥에 성공하면 침노린재는 먹잇감의 몸 안에 독을 넣어요. 그러면 먹잇감의 몸 안이 흐물흐물한 즙으로 변해요. 침노린재는 이 즙을 빨아 먹어요.

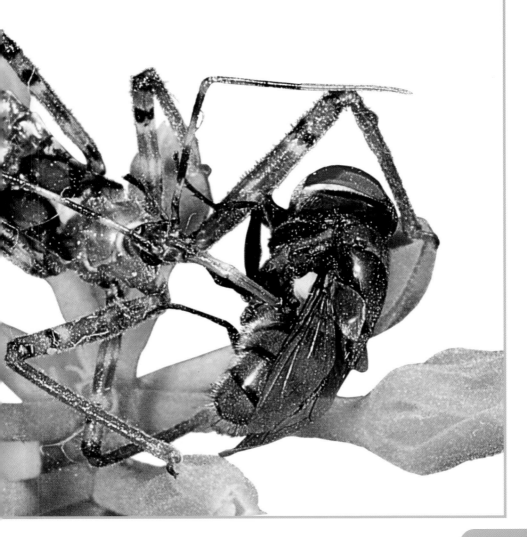

사슴벌레

수컷 사슴벌레를 조심해야 하는 곤충은 다른 수컷
사슴벌레뿐이에요. 왜 수컷끼리 아웅다웅하냐고요?
암컷의 마음을 사로잡기 위해서지요.
수컷끼리 싸움이 붙으면 서로 큰턱으로 찌르고
움켜잡아요. 그런 다음 상대를 번쩍 들어 냅다 집어
던지지요. 패배자는 부리나케 도망을 쳐요.

작지만 날카로운 턱

암컷 사슴벌레는 수컷에 비해
턱이 작아요. 하지만 수컷보다
훨씬 날카롭게 물어뜯어요.

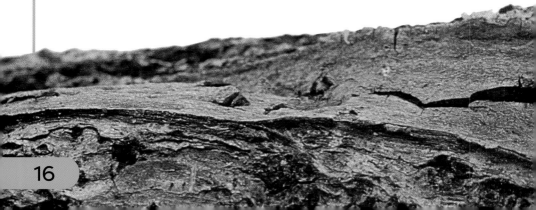

속임수를 쓰는 곤충

포식자 곤충과 다른 배고픈 동물들 때문에
힘이 약한 곤충은 견딜 수가 없어요. 어떻게 해야
살아남을 수 있을까요? 곤충들은 포식자를
속일 수 있는 특별한 방법을 개발해 냈어요.
이제부터 이런 속임수에 대해 알려 줄게요.

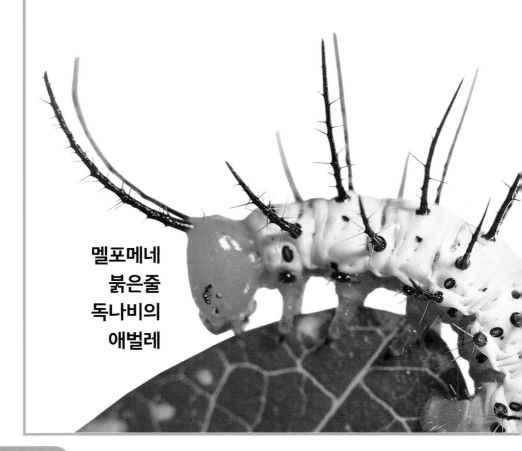

멜포메네
붉은줄
독나비의
애벌레

방아벌레

제왕얼룩나비의 애벌레

썩덩나무노린재

썩덩나무노린재

썩덩나무노린재는 몸에서 고약한 냄새가 나는
물질을 내뿜어요. 위기에 처했을 때 적으로부터
벗어나기 위한 방법이에요.

썩덩나무노린재의 별명은 '방패 벌레'예요.
배고픈 곤충과 새들로부터 새끼를 보호하기 위해
납작한 몸을 방패로 이용하기 때문이에요.

제왕얼룩나비

제왕얼룩나비는 포식자에게 손쉬운 먹잇감이 될 것처럼 약해 보여요. 그러나 곤충이건 새건 제왕얼룩나비를 건드리는 포식자는 별로 없어요. 왜 그럴까요?

곤충의 세계에서 화려한 색깔은 나를 잡아먹으려다가는 큰코다친다는 경고 신호예요. 제왕얼룩나비의 화사한 주황색도 마찬가지예요. "나는 되게 맛이 없어."라고 말하고 있지요. 이 나비의 애벌레도 맛이 형편없어요.

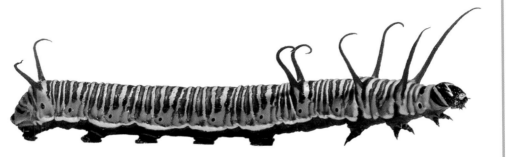

아름다운 변신

다 자란 애벌레는 나비가 되기 전까지 꼼짝도 하지 않고 번데기 속에 들어앉아 있어요. 그 안에서 나비로 변하는 거예요.

애벌레들

솔나방 애벌레

솔나방 애벌레의 긴 털은 쉽게 끊어져요.
애벌레를 잡아먹으려는 포식자는 털 한 입으로 허기를
달래야 하지요.

뭉치면 산다!
애벌레들이 한군데 모여 우물우물해요.
머리를 세워 휙휙 움직이지요. 애벌레를
잡아먹으려는 포식자를 겁주는 행동이에요.

멜포메네 붉은줄독나비의 애벌레

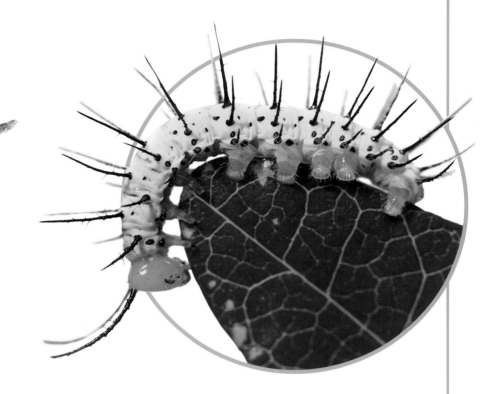

뾰족뾰족 가시가 돋은 멜포메네 붉은줄독나비의
애벌레는 무서운 무기를 숨기고 있어요. 자라면서 먹는
나뭇잎 덕분에 몸속에 독이 쌓이는 거예요. 그래서
애벌레라고 만만하게 여기고 덤벼들던 포식자는
큰 고통을 받기 마련이지요.

뿔매미

뿔매미는 몸 감추기 선수예요. 보세요. 나뭇가지에
가시가 돋았나 봐요. 아니에요, 뿔매미예요. 우리가
알아보지 못하는 것을 보면 새들도 찾기 힘들겠어요.

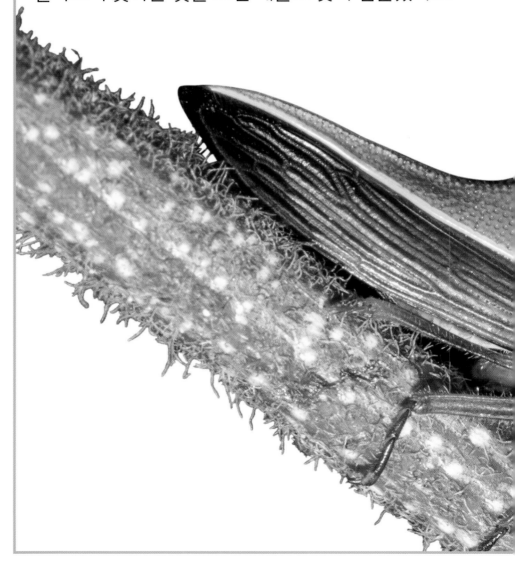

뿔매미는 똑똑한가 봐요.
동작을 맞춰 행동해요.
동그라미 속 사진 좀 보세요.
모두 한 방향을 향한 채
꼼짝하지 않아요.

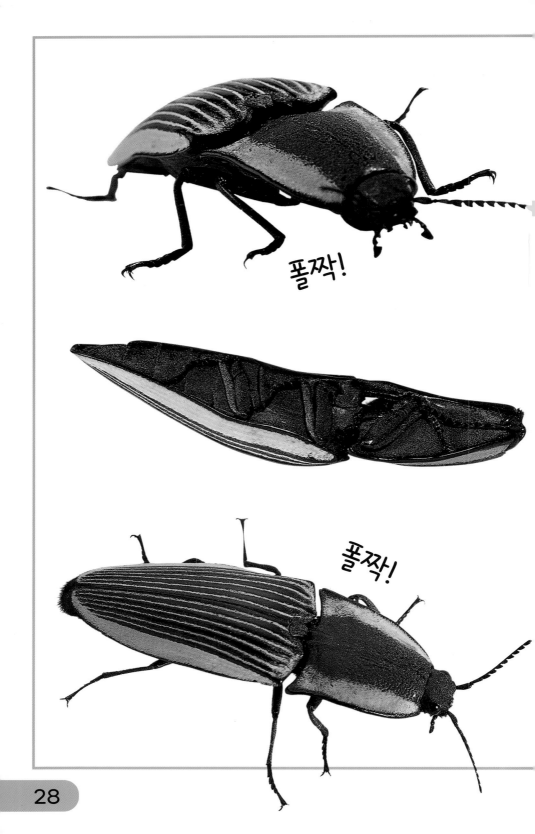

폴짝!

폴짝!

방아벌레

포식자로부터 벗어나기 위해 방아벌레는 기발한 탈출 방법을 만들어 냈어요. 몸을 둥글게 구부린 다음 그 힘을 이용해 공중으로 폴짝 튀어 오르는 거예요. 이때 컴퓨터 마우스를 누를 때처럼 "딱" 소리가 나요.

달아나기 위해 점프를 했는데 몸이 뒤집힌 상태로 떨어지면 어쩌지요? 괜찮아요. 다시 한 번 폴짝 튀어 오르면 돼요.

빛을 뿜는 방아벌레

앞가슴 양쪽에서 빛을 뿜는 방아벌레도 있어요. 번쩍이는 빛은 짝을 찾는 데 도움이 되지요.

용어 정리

방아벌레

납작하고 단단한 몸통을 지닌 곤충. 뒤집어 놓으면 공중으로 폴짝 튀어 오른다.

잠자리

가늘고 긴 몸과 두 쌍의 날개를 지닌 곤충

사냥벌

새끼들을 먹이기 위해 다른 곤충과 거미를 사냥하는 벌

사마귀

세모난 머리와 긴 앞다리를 지녔으며 몸의 색깔은 초록색이거나 갈색인 곤충

사슴벌레

사슴의 뿔과 비슷하게 생긴 길고 튼튼한 큰턱을 지녔으며, 몸의 색깔은 갈색이거나 검은색인 곤충

썩덩나무노린재

방패 모양의 몸에서 고약한 냄새가 나는 물질을 뿜어내며, 몸의 색깔은 초록색이거나 갈색인 곤충

침노린재

좁은 목과 긴 주둥이를 가진 곤충. 긴 주둥이는 먹잇감을 찌르는 데 쓰인다.

퀴즈

이 책을 읽고 무엇을 알게 되었는지 물음에 답해 보세요.
(정답은 맨 아래에 있어요.)

1. 사마귀는 어떻게 파리를 잡을까요?

2. 사냥벌은 왜 딱정벌레를 사냥할까요?

3. 잠자리는 하루에 모기를 얼마만큼 먹을 수 있을까요?

4. 침노린재 친척 가운데 일부는 왜 '뽀뽀하는 곤충'이라는 별명을 갖게 됐을까요?

5. 사슴벌레는 수컷과 암컷 가운데 누가 더 날카롭게 물어뜯을까요?

6. 어떤 나비나 애벌레는 화려한 색깔을 자랑하는데 왜 그럴까요?

7. 뿔매미는 포식자로부터 몸을 숨기기 위해 어떤 방법을 사용할까요?

1. 뾰족한 가시가 돋은 앞다리를 쭉 뻗어서 2. 새끼들을 먹이기 위해
3. 제 몸무게만큼 4. 사람의 얼굴을 공격하기 때문에 5. 암컷
6. 포식자들에게 자기는 맛이 없다고 알리기 위해
7. 나뭇가지에 돋은 가시처럼 보이기 위해 꼼짝하지 않는다.

DK 읽는 재미!
SUPER Readers

아이들의 흥미와 발달을 모두 고려한
체계적인 읽기 프로그램 <DK 읽는 재미>.
스트레스 없는 책 읽기를 통해
아이들의 문해력이 자연스럽게 향상됩니다.

LEVEL 1

스스로
읽어요

취학 전~
초등 1학년

본문 32p